你的世界我曾来过

TOUCHED YOUR HEART

素瞳槿 著

缘浅情深的别离　亦是最深的遗憾

Love each other but separation is the deepest regret.

綫裝書局

图书在版编目（CIP）数据

你的世界我曾来过 / 素瞳槿著 . -- 北京 : 线装书局，2013.12

ISBN 978-7-5120-1080-2

Ⅰ . ①你… Ⅱ . ①素… Ⅲ . ①女性—爱情—通俗读物 Ⅳ . ①C913.1-49

中国版本图书馆 CIP 数据核字（2013）第 227576 号

你的世界我曾来过

作　　者：素瞳槿
图片摄影：耿　帅　颜昕悦　素瞳槿
出 品 人：耿　帅
执行编辑：杨越博
责任编辑：肖玉平
媒体运营：颜昕悦
装帧设计：居　居
出版发行：线装书局
　　地　址：北京市西城区鼓楼西大街41号（100009）
　　电　话：010-64045283　64041012
　　网　址：www.xzhbc.com
经　　销：新华书店
印　　刷：大连海大印刷有限公司
开　　本：880mm×1200mm　1/32
印　　张：6.5
字　　数：50千字
版　　次：2014年5月第1版第1次印刷
印　　数：0001—1000册

定　　价：52.80元

纵使寂寞开成海，让我们用文字慰藉彼此。By 耿 帅

目 录

CONTENTS

Chapter 1
我的等待，年以为期

惨白的光，照醒了迷惑的我。

擦身而过，那一瞬间，已经南辕北辙。

我的等待，

等来的却是已逝的流年与那遗失的诺言。

年以为期，你始终还是没有出现。

我的等待，终究荒废了我的流年。

我的等待，年以为期

一年，春夏秋冬四季，十二个月，三百六十五天。

有所期待的日子，时间总是过得特别的慢。

遥望，那是漫长看不到尽头的等待。

每一天的等待，倾入了思念。

只恨不能穿越时空，进入那个心里一直念及并期待的日子。

经年之后，依旧会在原定的地点等你，不离

不弃。

日子像念珠一样，一天接着一天滑过，串成周，串成月。

时光白驹过隙，以为怎么也熬不了的流年，却已悄然而至。

于是，随着思绪，我又回到了有你的日子。

时光又流转到了那年的冬天。

看着你写的依旧清晰坚定的字句，和那早已模糊的爱情。

你说，你会等我。

期限不长，以年为期。

我信以为真。

于是，我一直在等这一天，一直在等你。

年以为期，我还在这里，你呢？

你现在在哪里？

还会来吗？

你还能找到来时的路吗？

还是你早已忘记，你说过的等待。

又或许，这儿已不再是你的目的地。

走过时间的荒凉，越过黄昏的光影。

我还在等待。

一年以后，我仍旧一个人，等来的却是失望。

你迟迟还是没有出现。

我总是，还能感觉到一样的心情与感受。

但是，我没有与你去确认。

不是觉得不需要，而是觉得你应该不会在意了。

也许，在当初，你就没打算走到终点。

可是，最后我还想，问问你。

你确定不再出现了？

真的要离开了，是吗？

可是，我们都还欠彼此一个回答。

即使要散也要好聚好散。

至少，在以后想起来，不至于让自己遗憾，还可以坚信是爱过的。

或许，我其实不需要你的答案，我只是需要给自己一个答案。

给自己一个，最后离开的理由。

“人生若只如初见，何事秋风悲画扇。等闲变却故人心，却道故人心易变。”

当爱消失时，一切的等待都是徒劳的。

第一次听说你的名字。

我并没有意识到这个陌生的名字，会改变我。

直到见了你以后，我才意识到，原来我要找的人就是你。

当你后来问我，如果你不联系我的话，我是否依旧会与你联系。

我的答案是肯定的，我从来没有像现在这么确认过一件事情。

曾经，我总是犹豫不决，患得患失。

我会在得与失之间有了预见结果之后，才可

以理所当然地决定一件事情。

甚至，我都不知道我想要的是什么。

一直以来，我都是这般既清醒又迷糊地看着我即将到来的爱情。

直到遇见你以后，我知道我想要什么了。

我怕你离开，就再也找不到另外那个你了。

你，已然成了我永远的梦。

遇见你，已经很不可思议

每次给你写信。

心里，有些小紧张与微感小甜蜜。

把你对我的冷漠，都给忽略了。

希望，你收到时，你可以从我的字迹里读到一丝温情。

至少，不会像5号宋体上那样的冰冷。

我和你一样多想，一样的害怕婚姻的不美满。

生活是现实的。

所以，我也会考虑未来。

考虑着，那份激情，过后的平淡。

想到你爸妈生病，我是否愿意去照顾。

如果家里出现了经济压力，我是否愿意去承担。

你的过去，我是否介意，是否可以坦然。

所有，将会发生的一切，我是否能接受。

如果，无法接受，那我不会选择开始。

毕竟，有些东西是躲不过去的，一定要面对。

遇见你，已经很不可思议了。

这样的你和这样的我彼此遇见，实在是太不容易了，真的想好好珍惜。

一旦错过，我想这辈子再也不会遇见。

如果，最后，还是不能在一起，我也会接受。

就当我在爱的梦境里走了一回。

八月诗禅，一梦未央

让人期待的八月诗禅，早已飘散在最后的夏日里，不惊不喜。

有时候，期待与失落总是成正比的存在着。

满怀期待，又不得不时刻警告自己，要知足。

得到你想要的，就要适可而止，贪婪又会被带入另一个极端。

是的，我想要的很简单。

只是想再见你一面就好，如此而已。

你得到一些，便会失去一些。

我想，所有的机缘都有它特定的安排。

那么，不强求，顺其自然吧。

此刻，我终于理解了顺其自然。

有时，你再怎么努力也无法回到原来的状态。

一切，都只能以现在的状态存在着。

冰凌化为水，然后慢慢消失了。

等六月，等八月，等十月，再等下个春季，

等待总是在心里默默地滋长。

不管结果是如愿还是失望，等待让那无趣的生活有了些小期待。

面对即将来临的十月，又是期待，却也有些恐慌。

我知道，十月需要面对许多未知，我更需要一个人勇敢地往前走。

迷离的记忆，幻象的爱

你对我说，我只不过是你的偶然一瞥，瞬间的怦然心动。

好像所有的一切只是一场误会而已，就连互相欢喜也只是误会。

疑惑地想起初次见面时，那份坚定的眼神……

难道，这些肯定与欢喜只是彼此之间的一种

幻象？

我本来只是伤心而已。

而现在，还要忍痛去确认曾经互相喜欢的事实。

我笑了，笑得那么的没心没肺，笑得心如空洞，只剩几丝凉风吹过。

失去一个人，并不是始料未及。

让人不知所措的，是对爱的轻蔑。

如果，不爱了。

这并不是不可以接受的。

相爱之前，就需要想象到结果。

我并不是不可以承受失去你的痛苦。

失去了爱情并不可怕，那颗不知如何安放的心才让人不知所措。

如果，决定离开，那就不需要所谓的安慰。

那只会让人觉得，越发的可怜与卑微而已。

陷入一个人的卑微里，就像被全世界遗弃了一样。

越多的关心与安慰，越发觉得寂寞与楚楚可怜。

我只是不能接受这突如其来的改变。

我明白了，变质的爱情，不用你赶，就会主动离开。

我只是觉得有些不可思议。

曾经的两情相悦，最后怎么成了一个人的无理取闹。

想弄清楚，这是怎样演变成的。

还是，从始至终真的只是误会一场。

忘记告诉你，我是个自愈能力很好的人。

请别再为我担心。

再难受再痛苦，我也会自己一个人承受。

我会继续以我的姿态出现，不会无理取闹，不会死缠烂打。

没有了你，也许我会过得更好。

好好的爱自己，让自己快乐一些。

这是我离开你的唯一理由。

POSTALE

Chapter 2
悲伤过境，无可挽留

悲伤的情绪，因为某个人的离去，
只剩下彷徨、无助、疼痛和不知所措。
拼命寻找一种方式和出口，
努力地想要回转。
只是，爱情一旦离开便无法回头，
即便你用尽全力，也是无可挽留。

七秒钟的记忆

这一年，失眠一直伴随着我，从未离开过。

当初想当个“失眠者”的玩笑话，也很快于这一年得到了欲罢不能的体验。

每天，最害怕夜幕降临，日落就是愁绪的开始。

经常会不记得，晚上是什么时候入眠的。

黑夜里，总是把音乐开到最大声。

让歌声包围着自己。

以此来抵制如影随形的你，以及对你的思念。

早晨，无力地挣扎着起床。

眼睛明显觉得有些干涩、浮肿、疼痛。

还是没办法确定你已经离开。

陌生又熟悉，那是无法再回到的过去。

也是任凭你怎么努力也无法挽回的时光。

我开始害怕，慌乱，不知所措。

不是因为，你的离开。

而是开始担心我的未来，没有你的世界，前

路一片渺茫。

惯性般地洗漱，出门，上班。

脑子里一片空白，忘记吃早餐。

忘记，过马路需要走斑马线。

脑子里，出现了密密麻麻一连串的问号。

有一个声音，一直在回响。

我接下来，该怎么办？

我该怎么继续走以后的路。

我打电话给每一个朋友。

我问她们，我该怎么办？

没有人可以回答。

那种绝望与空虚，占据了整个身体。

不知什么时候，眼泪已经漫出，任凭它肆意地滑落。

多么希望，对你的喜欢可以减少一些。

或者，欢喜可以转化为憎恨。

对于一个憎恨的人，我想是不会为他哭泣的。

金鱼，摇曳着它鲜艳的尾巴，在水中游荡。

一只金鱼遇见了另一只金鱼，停留，转身，然后离开。

没有一丝哀伤的眼神，总是那么的乐此不疲。

我看着她们遇见又分离，却不伤感。

心生美好，好希望此刻也可以摇身成为其中一员。

那么，我也可以坦然地接受遇见与别离。

那是因为，金鱼的记忆只有七秒而已。

七秒，就是一个轮回。

七秒之后，又可以重新遇见。

那些曾经、欢笑、悲伤，都会不复存在。

没有了记忆，也就不存在想念与遗憾。

那么，我也只要用七秒钟，就忘记了我们所

有的过去。

那些伤痛与遗憾不再，心里，不会这么难受与隐隐作痛。

对爱情，还会有期待与向往。

我问我自己，那你舍得吗？

舍得让那些与你有关的每个点滴记忆，都这样消失吗？

我是一个念旧的人。

连没有任何价值的旧物，都舍不得丢弃的人。

又怎会，舍得把那么一个曾经深爱的人给丢

了呢？

我还是不要成为那只金鱼，不要那么快地遗忘。

我应该把你放入心里的最深处。

让它静静地在那里安放，不再触碰。

待你安好时，我将离开。

谁来懂，流浪猫的忧伤

离开你以后。

我才发现走在路上，会不时地回头张望。

感到了前所未有的孤单。

一个转身，整个街道除了固定的建筑以外，空无一人。

并不会发现什么，也不会遇见任何人。

有时候，回头会看见乱窜的流浪猫。

在你与它眼神交会一刹那，它停住了与你对望。

它会一直保持着同一姿式，并不会很快地离开。

在与它对望的眼神里，似乎你能读懂它。

其实，我知道，它看我的眼神也是一样哀伤。

也许，它会以为我与它是同类。

所以，它没有逃开，只是一直盯着我的眼神张望。

它受惊后的眼神，显得有些楚楚可怜。

好像看到了我自己。

像流浪猫般，曾经被收养，最终还是被遗弃。

我好想，走近它，与它握个小手，互相依偎。

给它些温暖，也给自己些勇气与信心。

当一个人，独立存在的时候。

没有幸福的场景、暧昧的瞬间。

又或是，无视于孤独、哀伤的共同体时，你并不会觉得，自己是处在何种状态。

不管此时，你有多忧伤还是被曾经所遗弃。

你都不会觉得你有多可悲与失望。

下次，如果你看见，我走在你的前面。

你一定要，赶上我。

因为，我不会再回头。

即使我发现有一丝熟悉的气息，那也一样，不会再回头。

那不是因为，我不想理你，无视你的存在。

而是我不再相信我自己。

我不想，再让自己失望。

只要我有勇气让它有个结局，那么忘记也不

会太难是吧。

心底的那个梦已经破碎，终究这只是一个梦而已。

我不可能一直活在梦里。

毕竟，总有醒的一天。

爱情，原来也需要练习

一个人对另外一个好，并不是因为要占有。

一直以为，我是一个被照顾的人，从不知道怎样去照顾别人。

所以，有可能，在我们相处的时候，你会觉得我没有应有的体贴与温柔。

我只是不知道，我该怎样对一个人好。

这个世界已经变了，爱的本质也开始在偏离。

一切的借口都是有预谋的。

一切的无意都是有意的。

一切的偶然，都是必然。

我以为对你好的，我就会尽力去做。不计后果的。

虽然，我的行为会让你觉得不舒服，不符合你的心理预期。

对不起，我只是以我觉得最好的方式在做我应该做的。

而我这样做，只是不想让自己后悔。

在一起时，没有对你好。

分开了，却无法对你好。

请答应我一件事。

在我离开之前，让我对你好。

你不需要觉得内疚和有所负担。

你也不需要，以相同的态度回报我。

那只是，我离开之前，唯一让我好过的理由。

多么希望，你会越过越好。

爱情，也是要练习的。

练习相爱，练习全身而退不至于困在局中找不到出口。

显然，我是个初学者。

我还没学会怎么离开。

还不明白，在爱情里，不爱了，对方就跟你毫无关系。

你给予的好，已不会被接受。

只会让人觉得那只是一种负累。

假装，委曲求全

一味地妥协、过分地成全，是溺爱的一种表现。

溺爱一个人，有时候会纵容到把一个人的缺点也当成优点。

而当你溺爱一个人的时候，也往往是纵容自己陷入卑微与痛苦之中。

当你和我说，这是委曲求全的时候。

我翻遍我所有的记忆，也没有找到它留下的证据。

是我的意识错了，还是它遗留在了某个角落，被我遗漏了。

又或者是，这所有的一切，其实都是你我自个儿的一厢情愿而已。

你呢，一厢情愿的，认为，所有的一切都是委曲求全的结果。

而我呢，也一厢情愿的以为，这些都是爱一个人的本能。

我以为，爱上一个人的时候，应该是互相理解，互相体谅。

在别人眼里，也就是委曲求全的表现。

这种委曲求全，连自己都没有意识。

因为那都是无意识的行为。

在我眼中，一切都是正常的，心甘情愿的。

所以当然，也不是委曲求全。

我是想要与你长久。

所以，我并不在乎一时的欢心。

有时候，我也是私欲性很重的人。

我只想着，我怎么才能与你长久地在一起。

我只要达到我这个目的就可以了。

我并没有把怎样讨好你、迎合你，放入我的作业之内。

所以，在此之前，我会把你所有的缺点，都纳入我的审查范围之内。

也许，我是挺能忍的。

但是，深知自己的忍耐是有限的、是会呼之欲出的。

我也是个追求完美的人。

我并不希望，这样的事情发生在我们身上。

你放心，即使我没法接受的，我再怎么喜欢你，也会假装接受。

因为，假装，是世界上最累的事情。

你是我的在劫难逃

每一天都是一个轮回。

而今天的轮回，已趋于终点。

再过三刻钟，这一天就过去了，又归为零点。

再也不会重来，随着时间的流逝，某些情绪会一直停留在这一天。

三月，驼云。四月，裂帛。五月，浴衣。六月，是我的生日。

满怀期待有你陪伴的生日。

一早，收到深先生的第一条祝福，我眼红了。

因为，第一条信息不是来自你。

低头，泪水还是落在冰凉的手背上，滚烫。

我想说，也许你最不在意的人，或许他是最在乎你的。

罗辰也算吧，每次的关心，都被狠狠地拒之千里之外。

而我现在，正在被你拒之千里之外。

还记得，你问我的生日。

你说，你不需要告诉我，我会自己去寻找答案。

我真的就没有告诉你。

我满怀期待着你会给一个别样的惊喜。

生日，我从来不把它当作特别的一天来对待。

过与不过，都有些无所谓。

可今年除外。

我期待了很久。

我多么期待它能早些到来，希望你给我带来

一场别样的生日。

我并不期待什么礼物，只希望你能陪我一起度过而已。

有你的陪伴，就足够让我记忆深刻了。

我也只想简简单单的，可以什么也不做，就这样能和你一起就好了。

结果，所有的期待都终将化为泡影。

记得有朋友曾说过，爱情现世报。

你怎样对人，总有那么一个人以相同的方式来对你。

想着这段话，沉默了许久。

忽然，我却慌了。

有些后悔，我怕对待罗辰的无情，有一天，都会应验在我自己身上。

而现在，好像一点点在报应。

如果当初，我对罗辰好一些，是不是就不会是现在这样了？

我真的不知道。

现在，离零点只有17分。

听着时钟的嘀哒声，看着秒针一格格转动。

那些期待，也随之一格格的消失。

第一次，对你感到了失望。

就连一句，“生日快乐”也没有收到。

简简单单的“生日快乐”，此刻对我也是弥足珍贵的。

我知道，过了零点，就不该有任何期待。

其实，不管怎样，都注定了这一天的悲伤。

我期待许久的日子，就这么过去了。

不会再回来，再也不会。

MISSING
CAT

Chapter 3
柔软时光，想念轮回

经历了离别与悲伤，
也沉淀了某种记忆。
总有一段记忆，
承载了令人怀念的柔软时光。
想念轮回，渴望重生。

预知的不可挽留

最终，我们只是生活在彼此的世界里。

从来都没有想过要离开对方。

不知道要如何才能轻易读懂彼此的心。

这是最近我一直在想的一个问题，也是一直困扰了我很久的问题。

你最后告诉我，你不懂我。

你说感觉对了，那就在一起。

最后，才发现原来是感觉出了错。

感觉，真的能读懂自己所需要的吗？

真的能读懂彼此吗？

有时候，会突然迷失了自己的方向。

逐渐远离了最初的自己。

连自己都不懂了，又怎么让别人来读懂你呢。

没有读不懂的人，只有读不懂的心。

所以我注定了悲伤，注定会失去你。

为什么离开一个人之后，他曾经的优点，也

成了缺点。

我希望，彼此分开后，不要再互相指责与诋毁对方。

离别，已经是很痛苦的事情。

毕竟，相爱的时候，都是看上对方某些优点，而被深深吸引的。

那些曾经的甜蜜与温情，也是互相爱过的证据。

所以，请别否认曾经的美好。

电影里正播放一对恩爱的恋人争吵的情景。

最后，女孩气得不说任何一句话，甩手委屈地离开。

有人曾说，争吵也是情感中的一种沟通方式。

真的要把这种极端的方式当作是在乎对方的表现吗？

我吵了，就代表我在乎。

我沉默，就是不在乎的表现。

如果，非得用吵架、大吵大闹来表示我的在乎。

那我宁愿不要。

宁愿被误会说我不在乎，也好过为了证明对

你的喜爱，而大动干戈。

对我而言，这本身就是违背爱的最初。

我不喜欢吵架。

纵然，你说你与前任大吵大闹后又是如何爱得难舍难分。

总觉得那是两败俱伤的行为。

所以，我被认为是不在乎的。

我们没吵架，就这样分开了。

我没办法与你吵架，就像我也没办法与我的父母吵架一样。

我不忍心与我家人争吵，即使我受到了多大的委屈。

我甚至可以想象到，争吵完以后她们心寒的样子。

对于爱的人，哪怕就是说了一句重话，都会伤心很久。

柔软时光，告别过去

我在微博里，用最淡的言语，写下了对你的想念。

不知道你能否知晓，只想记录下，想你的时光印记。

今天的阳光真好，耀眼得我都不敢张望它。

生怕它，可以穿透我内心的寂寞。

一个人晒太阳。

我在想你在干什么呢?

睡觉,玩,陪妈妈聊天。

已经十多天没见你了,真的觉得过了很久很久。

你不见我一天,都会觉得过了很久。

你应该知道,十天是多久。

久到,我都以为,一切都过去,已经可以重新开始了。

3月6日,01:35

晚上，默默与她的男友来家里吃饭。

看着他们甜蜜的样子，真希望你在身边就好了。

现在的你，又在干嘛呢？

想你了。

6月1日，20：08

离开你已经200天了，我才后知后觉地找到症因。

不是你不够爱我，也不是我不在乎你。

其实，我们是相爱的。

只是，至始至终。

我们只是欠对方一句话。

你的一句“我爱你”，我的一句“我愿意”。

其实，没有你的“我爱你”，我也可以说“我愿意”。

只是，这已经与你无关了。

8月6日，21：30

也许有一天，那些悸动与心痛，都会随着时

光而流逝。

这些文字，都记录着，我曾经如此的想念你，爱过你。

你的世界，我曾来过。

想念，原来也是周而复始

我怎么又开始不自觉地想你了呢？

好想找你聊聊天。

于是，翻遍了所有的通信联系录都没有找到关于你的信息。

我忘了，我已经把你深藏在内心的最深处。

就是不想让自己可以轻易地触碰到，从而抑制对你思念的蔓延。

我知道这又是一个轮回，想念的轮回。

对一个人的思念，是不是一个周而复始的过程？

就像一年四季，春、夏、秋、冬。

每个季节呈现的时间可能会有长有短，却还是会不断地轮回更迭，不会遗漏任何一季。

就像精健日月，星辰度理，阴阳五行，周而复始。

对你的想念，总是这样呈现周期性的循环往复。

总以为，自己可以释然，可以慢慢沉淀，可

以不再想念的时候。

时间越久，想念就愈发强烈。

总是需要有更加强大的力量去不断地说服自己的心。

说服自己，要停止想念，停止对你的一切幻想。

删除，与你有关的所有信息和通话记录。

禁止，让自己踏入你可能会存在的地方。

可是，在压力大到无法支撑的时候，却依旧渴望你的安慰与理解。

你是我调节心情的唯一调剂药。

而我深知，那同样也是一剂毒药，我却无法承受住对它的依赖。

所以，即使再难受，再艰难，也要说服自己，不再去想念你，不再去依靠你。

我的犹豫不决，总是让自己陷入进退两难的地步。

被偏爱的，总是有恃无恐

周六，温度很低，天气却晴好。

泡上一杯手工磨制的咖啡，静谧又美好。

我喜欢用新鲜烘焙过的咖啡豆，在研磨机中慢慢磨成粉末。

再通过咖啡机萃取，这种咖啡味道更浓烈纯粹，也更加原始。

看着窗外的太阳，随着屋内慵懒的音乐，思

绪开始想象着有你的日子。

想象着一起喝着咖啡、听音乐、感受阳光的温暖。

我想我终究还是喜欢慢生活的。

喜欢亲手打造一些物品，手磨咖啡、手缝玩偶。

我以为，只有亲手制作，它才具有不同于其它物品的本质。

虽然，很多人都认为，既繁琐又浪费时间，而这就是我想要的慢生快活。

摆在书架上的手工熊，眼神呆滞，无精打采地处于被遗弃状。

还有一只不完整的大熊，七零八落的遗留在书架上。

未完工的大熊，是给你的生日礼物。

它本来应该华丽的出现在你的生日宴上，给大家一个惊喜的。

这是我最用心缝制的一只，却出乎意料的丑态。

以为，被你满心欢喜后，我的甜蜜也可以占据我的心房。

幻象，总是比现实要美好一些。

就像赌博，赌局开始前总是信心满满，浮想联翩。

好像，你就是赌神一样，十拿九稳，逢赌必赢。

就像我们的爱情，我以为我赢定你了。

天时、地利、人和，统统都偏向我。

哪还有不赢的理由？

可开局之后，我就傻了，我输了，而且是一败涂地。

最好的开始，也会有最坏的结果。

这份生日礼物，再也送不出去了。

明年，甚至，以后，都不会出现在你的面前。

我也没有再把它继续制作完，让它成为完满。

宁愿让它支离破碎，才可以时刻提醒自己。

结局，已经是这样了，没有办法再改变。

碎了，不再可能再完满了。

输了，就是输了。

不可以当它不存在。

不可以，自欺欺人地以为一切还可以继续。

自欺欺人，只会给别人一个嘲笑自己的机会。

我以为，这年你的生日我可以理所当然的陪

着你度过。

可是，我并不知道，你的生日早就已经有人大张旗鼓地为你庆祝过了。

那我就不需要，再这么费尽心思了。

夜，十一点。

经过繁华的闹市，名品橱窗只有外灯依稀的亮着，街道上冷清清。

昏暗的灯光，只有急着赶路的行人。

我却贪恋起这夜幕下的时刻，空气飘着清冷，安静而深邃。

远远地看到路边停着的一辆车，打着近光灯，有些似曾相识。

我们总是这样，在车里聊天直到凌晨。

然后再不舍的分开。你还记得吗？

我想，那时候，我们相信，我们可以永远的。

想到这些，我只是笑笑。

不会再去理会，抓着那些记忆不放。

因为，我还要继续生活在没有你的日子里。

那么，我只能这样做，才能让自己死心。

我沿着商业区的街道，一遍又一遍的来来

回回。

迎着风、又逆着风。就好像一个个轮回。

好像，可以看到时光静静地流走。

现在，我写着你与我的故事，忽然觉得好陌生。

那些温情与伤痛，明明历历在目，可早已渐行渐远。

看着这些文字，那曾经的一幕幕仿佛就在眼前。

伸手，却遥不可及。

0057

Chapter 4
如若离开，便是想念

你已离去，可我还在原地徘徊。
执念着，想念你的一切。
你的存在，带走了我的呼吸。
思念，是我唯一的生存氧气。
如若离开，便是想念。

未知的想念，已知的爱

我喝一口水大约为50ML，往前跨一大步大约为1M。

而我对你的想念已有一年，并且还在不断地延续中，望不到终点。

如果，我对你的想念可以用来度量的话，那会是多少呢?

你对我的爱又会是多少ML或多少M?

以时间的长短，还是以用情的深度来度量？

才能更准确的表达，我们之间的情感轻重与份量呢？

人的感情是虚渺的，无形的，也是无法度量的。

我对你的爱也是无形的，不管我是多么的深情。

长时间在原地痴痴地等待，那也是无法用准确的度量单位，来衡量我对你的情意。

最终，一切都成空。

那些甜蜜与深情，那些等待与期望，终有一天，会无情的消失于时光中。

我不知道，应该用怎样的方式去纪念那些逝去的美好。

该用何种方式，去保留这份纯真的情感。

纵然，我无法给它画上完美的结局。

但，或许，我能做的是让它更长久的存在。

只要是美好的东西，就不应该把它遗弃。

早已不复存在的，更应该给它个记忆封存。

可是现在，我却无法将它深埋心底。

我想，我失望的，并不是你的离去。

而是失望，到最后我却不能给这份爱留个完美。

逝去的不止是这份情感，而是无法将心里那份曾经的美好留存。

这是我最遗憾的事情。

我是那么的努力，想把不完美的结局，以完美的形式好好保留。

不敢想象，有一天，闭上眼，想不起你的脸，也想不起那曾经的伤心欲绝。

记忆，还是需要依赖于那些有显著特征的

载体。

既然我无法将这份记忆存于心间，只好以外在的形式存在。

无论是照片文字还是物体影像，只是为了时光流逝后的明天，我依旧能清晰的记得这份爱，这个人，这份记忆与曾经。

你若安好，便与我无关

今天与一朋友聊天，聊到了他的前任女友。

他说，他无意中见到了她的现任男友。

他轻蔑又得意地说没他帅气，没他优秀。

从他语气里，透露出来的是嘲笑。

其实，也是一种失望。

他问，如果你遇见这种情况，你会怎么样？

我陷入了深思中。

最后我告诉他，我会失望，我会难受。

因为，我希望，他离开我以后，遇见的是比我更好的人。

只有这样，我才可以安心。

我希望他会越来越好。

这样，我才可以说服自己，离开是对的。

从朋友家回来的路上，车窗外有流星飞过。

我闭上眼，虔诚的许下了心愿。

与你有关，更关乎我自己的幸福。

我愿你一切安好，最好是过得比我好。

即使你的微笑，你的幸福是他人给予的。

我便可以远远地看着你微笑。

告诉自己，这样就够了。

我并不希望，你陷入险恶。

你的任何悲伤，都会影响到我。

从而使我无法安心走自己的路。

那我就不能如你所愿，好好过我自己的生活。

我得分心，来担心你，为之发愁。

虽然我的关心，从来都是事倍功半，那也没有关系。

亲爱的，请你答应我。

你离开我没关系。

没有谁遇见谁，就非得在一起。

也不是与子偕手，就能相伴到老的。

我也并非如你想象，无法承受最后分离的结局。

毕竟生活中变数太大，谁也无法预料将来会发生什么。

我深知，在我决定与你相爱之前，我就得有勇气去承受可能存在的离别之痛。

甚至，有一天，你告诉我你还爱着之前的

她，我也会主动退出成全你们。

只要你遇见更好的，我不会强拉着你不放手。

每个人都有追求幸福的权利，你觉得离开我会更幸福。

请你告诉我，我一定让你走。

再有多么的不舍，哭着也会让你走。

所以，你一定要幸福。

这样，才不会辜负我的离开。

经年之后，选择记得

你会记得我多久？

一年？二年？还是更久？

怎样才能让你记得，一个遗失了的我？

在我还对你念念不忘的时候，无意间却得知你已经忘记了我的年纪，忘记了我的姓。

以为永远不会遗忘的声音，不会消逝的爱，都在不经意间悄然流走。

时隔这么久，相忘于各自的世界里。

你是否真的已经忘记？

我资质平平，不够张扬，没有优越的特质。

易被忽视，然后就会淹没于人海里。

即使你，站在高处，也无法寻找到我。

直至，被人浪推到远处，我不见了，你忘了寻找。

无论如何，我都要让自己光鲜。

我都要让自己变得与众不同。

我问我远方的朋友。

我说，N年之后，你还会记得我吗？

她说，我不会记得之前的你。

但是，从今以后，我会记得现在的你。

我会与我以后的朋友说起你，因为你的与众不同，你的执念。

我好像，从来没有问过你，你会记得我多久。

这样也好，没有期限，你就不会有失落。

你的努力，也将没有期限。

我会让你，在任何地方，都可以得到我的

消息。

我会让你一直记得我。

如果，有一天，你无处寻找我的影子。

那么，也许是我累了。

或者，我知道我的讯息对你而言，已没有任何意义。

我可以为你，变得更加美好。

我也可以，重新低到尘埃。

不管是哪种，我都希望你能尽快地来找寻我。

当一个人处于高姿态时，高处不胜寒。

当一个人处于低姿态时，会低到自己都无法找寻自己。

你的存在，无处不在

无数次的告诫自己。

既然已无法再回到有你的世界，想念便显得有些力不从心。

决绝的语气，还是败在了意识里。

又一次被恶梦给惊醒。

醒来以后，一身的冷汗，身体开始发抖。

我清晰的记得，做了个什么梦。

梦见，去医院。

忽然被医生宣告要进行一场大手术。

一个人胆怯地在医院，正被强行带上手术台。

手术，对我来说，就意味着离别与死亡。

白天的时候，还与朋友聊起面对死亡的种种可能。

想象着，该如何从容的应对。

每个人面对死亡，都会恐惧与不舍。

死亡并非可怕。

可怕的是，你对爱你与你爱的人的，那份感情的留恋与不舍。

此刻，才明白。

我想到的，除了家人外，就是你。

我想见你，我真的想见你了。

忽然，就梦醒了。

还好，只是虚惊一场，只是个梦而已。

我想，也是这个梦让我有了一颗勇敢的心。

失去的恐惧，会让意识呈现出最真的状态，最真实的你。

那些假装很快乐，那些骗自己的情绪。

在这种恐惧来临的时候，它便知道它该转身而退了。

那些被隐藏深处，最不愿意面对的真实，就会越来越明朗起来。

最想念、最难忘记、最遗憾的人或记忆，会逼着你去实现那些你以为再也不会完成的梦想。

你的那颗懦弱的心，就会变得勇敢。

我跑去你的城市，去见你。

我要把没有说完的话，全都告诉你。

我真的怕，有一天我离开了，就真的再也见

不到你了。

后来的某一天，有人对我说，你好勇敢。

我却哭了，只有我自己明白，这份勇敢是你给予的。

有些改变，是因为遇见某些人。

而我的改变，是因为遇见了你。

你的存在，无处不在。

遇见，不完美中的完美

那些寝食难安、想念成疾的日子终于快过去了。

不知从什么时候起，开心、难过、孤独、绝望，都变成了一个人的事情。

我现在所承担的，也只是我一个人的事情。

与你无关。

好像一切都是一个人无聊至极的表演，只为

了证明自己的存在而已。

不惜一切代价，来成全自己的存在感。

只是，当一切都结束时，原来一切都未改变。

只是，多了一份勇敢与无所畏惧。

作为一个路人，你没有资格去要求一个与你擦肩而过的人，同你一样去珍惜彼此的相遇。

所以，我也无法要求你。

因为，在你的世界，我只是一个路人而已。

为此我感到非常遗憾。

同时，我也感到很欣慰。

我终于明白了，认知了这个事实。

只有把自己逼入一个绝境，才可以置之死地而后生。

我需要有这个勇气与决绝，而我也必须付出行动。

如今，我终于如愿能在恶劣天气下，安然地坐在窗前凝望。

心里已经不再焦躁，不再有牵挂，也不会感到痛心与不安。

我可以于你之外，过着自己波澜不惊的日子。

对你的关心与问候，担心与牵挂不再是我的重心。

你也应该高兴，我终于成功的不再被你所影响。

而我的朋友也在为我高兴，摆脱了只活在有你的日子里。

可是，闺蜜的一句话。

又把我拉回到了各种遗憾与失落中。

她说，你从来都没有辜负他。从始而终，都没有辜负。

现实生活，毕竟不会像电影的结局一样。

我们，珍惜了、错过了、悔过了、最后还是只剩下遗憾。

命运不会重新安排再相聚。

爱与不爱，不就是一念之间。

中国南方航空
CHINA SOUTHERN
一次飞行 十分关爱
Each Flight Educational Care
登机牌
BOARDING PASS
ETKT

里格
LIGE Dock
码头

你的世界
我曾来过

Chapter 5
遗憾再见，遗忘旅程

遗憾的再见，从此不再有关系。
选择一个人的行走，
给自己一场对你的遗忘之旅。
这一场旅行，不以目的地为终点。
它的意义不在于某个地方、某个景点，
而是一种心灵的释放与自我的解脱。

我最伤心的是，我要离开你了

所有人，都跟我说，你需要遗忘。

只有忘记了过去的点滴，让它成为永远的过去，你才可以重新好好的生活，让自己快乐起来。

我总是不以为然。

因为，谁也不清楚。

遗忘对我来说，比记得要痛苦得多。

可是，我怎能为了成全自己，而让那些关心

我的朋友担心和失望。

所以，我唯有如此，在朋友面前假装我早已忘记你。

有关你的一切，我都漠不关心。

与朋友谈论起你，也总是轻描淡写。

我最伤心的是，有一天，我要离开你了。

那才是我最不能接受的事实。

曾经我那么爱你，如今却要走了。

有时候梦里，我明明见到了你。

再回头，你却早已不在，而是另一个陌生人

牵着我的手。

我到处找你，你不见了。

我把你给弄丢了，我拼命地到处寻找，你已经消失得无影无踪。

站在街头的我，看着来来往往的行人，忽然害怕地哭了起来。

我拼命地哭。

因为你说过，我哭了，你就会回来。

可是，我哭得绝望、无助，喉咙都嘶哑了，仍没有见你出现。

那个陌生人，慢慢靠近我，我却没有力气

逃离。

眼睁睁地看着他走近，然后我就被惊醒了。

醒来时，一阵冷汗。

睁开眼，四下一片漆黑。

又是一次失声痛哭，哭着再次睡着。

遗忘的华尔兹

参加朋友默的婚礼。

婚礼进行曲回荡在空中久久无法散去，喧闹的现场是满满的幸福与祝福。

我在甜蜜的氛围中，想着自己的心事。

如果，我们还在一起的话，应该也会有属于我们的婚礼。

当远处的钟声敲响的时候，你紧握我的手。

我看着你，看到了初识时互相坚定的眼神。

你还记得吗?

那时，我们有多笃定地说我们会一起老去吗?

无法想象我的未来是什么样子，它是模糊的。

拉长镜头，也无法找寻的未来。

也许要取决于那个即将与我一起生活的人，他能带来怎样的心境。

身边，结婚的朋友越来越多。

在朋友的婚礼上，我总是最沉默的一个。

总是小心翼翼地避开，有关结婚的所有话题。

从来，不敢想象自己的婚礼，会是什么样子。

没有了你，我想整场婚礼，甚至整个人生的焦点都是虚无缥缈的。

默说，找个人暧昧吧，至少可以让这段难过的日子有人陪你渡过。

我笑笑，我想我永远不会和我不爱的人玩

暧昧。

损己又伤人，两败俱伤的事情。

明知道结局。

所以，我继续回到了一个人生活。

带着想念，远行它处

现在是早上七点十分，距离登机时间还有二十分钟。

手中的登机牌显示着所要到达的目的地，你所在的城市。

我选择了靠窗的位置。

整个城市刚刚初醒，可以看着晨曦初露东边的地平线。

机舱内很安静，可以感觉到它飞行的时速。

没有网络的飞行，反而觉得有些安心。

可以静静地阅读随身携带的书。

这个时刻，唯有阅读，才可以让那躁动的心安静下来。

一个人来到你的城市，没有目的地行走，那才是我的需要。

走在陌生街道上，有些亲切感。

去了你走过的地方，寻找那属于你的缥缈

气息。

一个地方，一个人，一件物，都有它特定存在的意义。

总有一个地方，你从来没有去过，你很向往。

那里，没有亲人，没有朋友，甚至也不是旅游圣地。

可你就是对那个地方莫名的亲切与向往。

曾有那么一段时间，你会心心念念那个地方。

有时候，连自己都不明白，为什么这个地方非去不可。

我把最后的心愿交给了此次行程，完成了，也就再无牵无挂了。

我不知道，以后的某天，我还会不会再去。

即使再去，也不知是否还有这份意义。

也许，下次再去时，反而会觉得有些陌生。

一个地方，它的定义，来自于你本身。

对于这个地方的定义，并不是由它自身所给予的，而是你给予它什么意义。

一个与你没有任何关系的地方，它只属于它本身。

蓝色的思念，记忆不逝

下午四点，回程。

一路向东飞行，逆着日落的光，已没有那么的耀眼。

透过飞机上的窗户，可以看见玻璃上的光影。

回头望去，天际呈现了没有任何杂质的蓝。

飞行在云端，没有都市的繁华，没有城市的

喧嚣。

悬空的不仅是身体，也是某种精神放空。

一个人的行走，两个人的梦。

我一个人去了我们谈论的地方，一个人走完了你我的未来。

怀着对一个人的思念去旅行，旅行就不会孤单。

有了思念、有了想象，孤单也会美好起来。

勇敢地行走，也是有你的成全。

我想我还是深受你的影响，是你让我变得勇

敢、无所畏惧。

我带着你我所有的记忆，踏上了归程。

最后的最后，我告诉自己，我来过了。

感恩，与你相遇

谢谢你，是我一直想说的。

对你的感恩一直都在。

即便你现在那么决绝的离开了，我也从未改变，心里对你的感激。

我也要感谢你，让我感受到了什么叫痛。

在此之前，我感受过甜蜜、快乐、酸楚。

唯独那个叫“痛”的感知我不知道，什么叫

痛不欲生，什么叫撕心裂肺。

终于，可以说，我知道了，什么叫痛。

我真的知道了。

我感谢你离我而去，让我再次成长了许多。

让我明白，原来两情相悦也不一定能永远在一起。

我也学会了，更深刻地检讨自己的不足。

寻找最真实的自己，才能更好地去生活。

感恩，与你相遇。

谢谢，彼此的成全。

终于，说了再见

在爱的这场棋局里。

当中的困惑、喜悦、伤悲，也只有当事人才心知肚明。

我实在是忍无可忍曾经的自己。

明知道你不会回头，还要执迷不悟。

为了告别那个可悲的自己，我终于下定决心。

不再回头，所有的一切都止于这一刻。

这是我，最后一次，写信给你。

这是我，最后一次，这么称呼你，亲爱的。

那么，请你好好照顾自己。

我也要努力找回那个曾经爱笑的自己。

明天以后，是另一个我，另一个不再有你的我。

于我而言，你已不再重要，我已收起了凝望的目光。

不再相望，不再等待。

你的世界，我曾来过。

你的世界
我曾来过
写于5.20
夜12点

后　记
你的世界我曾来过

当爱已不在，

该拿什么来纪念你的世界我曾来过。

是选择让它沉淀于心底，

给自已留一份最美好的回忆?

还是把那份爱驱逐于心外，

随它自生自灭?

一场细雨落花，一段情深缘浅。

花事了，情未了。

五月二十日，雨。小满。

我离开你已经很久了。

我知道有一天，最终我还是会把你忘记。

我是一个念旧的人，我想保留有你的点滴。

于是把与你的记忆都用文字的形式保留了下来。

我怕有一天，这份专属你我的记忆，被迫遗

忘在时间之外。

而我也深知，遗忘并非我愿。

即使那些记忆，会让我痛不欲生，我也不舍将它遗忘。

在以后的某一天，我会搜索时光。

只为找到曾经的你、曾经的记忆、曾经的世界。

这一年，我不断地旅行。

不经意间，已走过许多城市。

总有朋友问我，为什么你总是在旅行。

我喜欢旅行中的一切未知。

在旅途中，你会不经意地遇见一些人，一些事。

你们从不同的地方来，到不同的地方去。

只是偶遇，你们看到了对方。

也许，只是一个眼神，一个微笑，一个动作，又或是一件物，就可以确定彼此是同路人。

然后，结伴而行相同的行程。

待相同的行程结束，互道再见，也许再也不会见。

这也是一种奇妙的旅程。

更重要的是，我用旅行来完成遗失的美好。

选择一个人旅行，完成的是两个人的梦想。

后来发现，我所到的城市都与一个人有关。

我想，等我走完了所有与曾经有关的城市，这份感情也就有了它专属的纪念。

结束了旅程，就像结束了花事，就可以坦然地等待着重生。

选择了书写。

我把那些情深缘浅，化作一个个字符，字里行间是那些无处诉说的情绪。

很多时候，都想把心事，向那个TA诉说。

奈何怎么用心，总是无法夙愿成真。

该说的话，还是未能说出口。

明明，很需要被理解，很想表达内心的感受。

却又总是把自已藏得太深，又不屑于别人的理解。

人总是这样的矛盾，想要表达，又止于表达。

当我写下这些文字的时候，深刻地感觉到心底的那份酸楚与感动。

我有一丝丝的疼，从里到外蔓延开来。

我是个幸运的人。

我很庆幸，能有这个机会，可以用文字的方式去纪念那些曾经。

我也很感激，一直以来给予我帮助与鼓励支持的出版人耿帅先生。

还要感谢我最亲爱的读者。

这些年来，每逢收到读者的来信，对我来说都是那么弥足珍贵的。

我感激，在我最失落的时候，有你们的陪伴

与支持，是你们给我了信心与勇气。

借此机会，我也要感谢一个人。小S先生，感谢你带来的所有一切。

写于5.20，夜12点。